Barbara Cratzius - Klaus W. Hoffmann

Wie das Fähnchen auf dem Turme

Barbara Cratzius - Klaus W. Hoffmann

Wie das Fähnchen auf dem Turme

IGEL-BUCH

1 2 3   01 00 99

Grafische Gestaltung: Gertrud Schrör
Lektorat: Rudi Mika
Notensatz: Alena Jacob

Printed in Germany
ISBN 3-89353-047-9

Vorwort

Zu den ältesten Formen der Volkspoesie gehören die Kinderreime. Sie begleiten als Abzählvers oder Fingerspiel, als Trost- oder Schlaflied die Kinder in ihrer Entwicklung. In den Familien wurden sie von alters her überliefert. Leider sind sie im heutigen Medienzeitalter fast verdrängt worden. Dennoch sind einige von ihnen nach wie vor sehr lebendig und werden in Kindergärten, auf Spielplätzen oder auf der Straße gespielt und gesungen.

Wir haben in diesem Buch Altes mit Neuem kombiniert und dabei festgestellt, dass sich beides gut zusammenfügt. Die Lieder und Verse sollen Eltern, Großeltern und Erzieherinnen ermutigen, mit Kindern zu spielen und zu singen. Gemeinsam erleben wir die Entwicklung des Kindes, seine kleinsten Entdeckungen, seine Fortschritte; vom frühen, noch verschwommenen Blickkontakt, über zaghaftes Streicheln und neugieriges Tasten, über Krabbel- und Sprachversuche bis zu den ersten selbständigen Schritten ins Leben. Wir hoffen, dass sich der Spaß, den wir beim Zusammenstellen und Schreiben der Texte und Lieder und beim Ausprobieren der Spielideen hatten, auf Sie un Ihre Kinder überträgt.

Die Autoren

Barbara Cratzius war 20 Jahre als Lehrerin tätig. Ihr unerschöpflicher Ideenreichtum findet sich in zahlreichen Bastel- und Beschäftigungsbüchern, in Bilder- und Liederbüchern wieder. Sie gehört zu den renommiertesten Autoren im Bereich der Kinderliteratur. Von Barbara Cratzius stammen die meisten der Liedtexte und Gedichte.

Klaus W. Hoffmann zählt zu den bekanntesten Kinderliedermachern der Gegenwart. Sein "Discoelefant" machten ihn bei Kindern und Pädagogen beliebt und berühmt. Hoffmann's Kinderhits gehören inzwischen zum Stammrepertoire im Kindergarten und in der Grundschule. Auch zu dieser Produktion hat er liebevolle Ohrwürmer komponiert.

Gertrud Schrör lebt als freie Illustratorin im Münsterland. Mit ihren kindgerechten und lebensnahen Illustrationen hat sie dem Buch frische und fantasievolle Nuancen gegeben.

Kapitel 1

Ene - mene -maus
aus dem Bett heraus!

Verse und Lieder zum Aufwachen

Aufwecklied am Morgen

Text: Barbara Cratzius Musik: Klaus W. Hoffmann

1 - 2 - 3,
ihr Vögel fliegt herbei!
Singt ihr hell für unser Kind,
hüpft es aus dem Bett geschwind.
1 - 2 - 3,
ihr Vögel fliegt herbei!

Wir ahmen gemeinsam mit dem Kind mit den Armen die Flügelbewegungen der Vögel nach. Bei 1 - 2 - 3 wird in allen Strophen geklatscht.

1 - 2 - 3,
ihr Bären tappt herbei!
Brummt ihr laut für unser Kind,
hüpft es aus dem Bett geschwind.
1 - 2 - 3,
ihr Bären tappt herbei!

Wir legen die Hände an die Hüften und wackeln schwerfällig hin und her.

1 - 2 - 3,
ihr Hasen hüpft herbei!
Ohren hoch für unser Kind,
hüpft es aus dem Bett geschwind.
1 - 2 - 3,
ihr Hasen hüpft herbei!

Wir legen die Hände an die Ohren und lassen sie hin und her wackeln.

1 - 2 - 3,
Elefanten stampft herbei!
Hebt den Rüssel für das Kind,
hüpft es aus dem Bett geschwind.
1 - 2 - 3,
Elefanten stampft herbei!

Wir formen mit den Händen einen Rüssel, dabei fasst die linke Hand an die Nase, während die rechte Hand durch die Ellenbeuge gestreckt wird und hin und her schwenkt.

1 - 2 - 3,
die Nacht ist nun vorbei!
Aufgewacht ist unser Kind.
Tanzt und springt es nun geschwind.
1 - 2 - 3,
die Nacht ist nun vorbei!

Mit der letzten Strophe ist unser Kind nun wirklich wach geworden. Wir können es auf den Arm nehmen und mit ihm herumtanzen.

Guten Morgen - Gedicht

Text: Klaus W. Hoffmann

Guten Morgen, guten Morgen,
vorbei ist die Nacht.
Du hast tief geschlafen,
nun bist du erwacht.
Und der Morgen wird zum Tage,
du kannst dich auf ihn freun.
Nun öffne deine müden Augen
und lass den Tag hinein!

Dieses kleine Gedicht soll das erwachte Kind aufmuntern, den Tag willkommen zu heißen. Es gibt vieles zu sehen und neu zu entdecken. Wir nehmen das Kind auf den Schoß und fragen nach vertrauten Dingen im Zimmer (Bett, Kuscheltiere, Bilder, Kaufladen...). Schon bald wird das Kind freudig aufzählen, was es alles kennt.

Müllers Kuh

Text: Barbara Cratzius Musik: Klaus W. Hoffmann

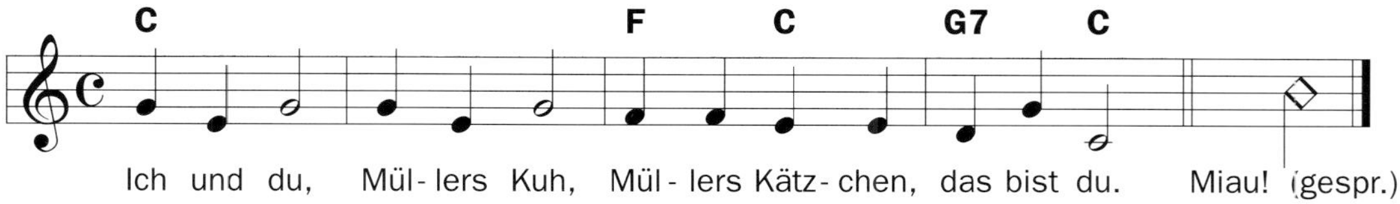

Ich und du,
Müllers Kuh,
Müllers Kätzchen, das bist du.
Miau...

Nun miauen wir gemeinsam mit dem Kind.

Ich und du,
Müllers Kuh,
Müllers Hähnchen, das bist du.
Kikeriki...

Nun krähen wir gemeinsam mit dem Kind.

Ich und du,
Müllers Kuh,
Müllers Bärchen, das bist du.
Brumm...

Nun brummen wir gemeinsam mit dem Kind.

Ich und du,
Müllers Kuh,
Müllers Hündchen, das bist du
Wau...

Nun bellen wir gemeinsam mit dem Kind.
Jetzt ist das Kind bestimmt hellwach.

Guten Morgen, ihr lieben Beine

Text: trad.

Guten Morgen, ihr lieben Beine,
wie heißt ihr denn?
Ich heiße Hampel,
ich heiße Pampel,
und das ist das Füßchen Übermut,
und das ist das Füßchen Tunichtgut.

Übermut und Tunichtgut
gehen auf die Reise,
sie stampfen durch die Sümpfe,
nass sind ihre Strümpfe.
Guckt die Katze um die Eck -
schwupp - da laufen alle weg!

Wenn das Kind gut geschlafen hat, wird es an diesem Weckspiel-Gedicht sicher großen Spaß haben und spätestens ab der zweiten Strophe fröhlich mitmachen.

Guten Morgen, liebe Beine

Text: Barbara Cratzius Musik: Klaus W. Hoffmann

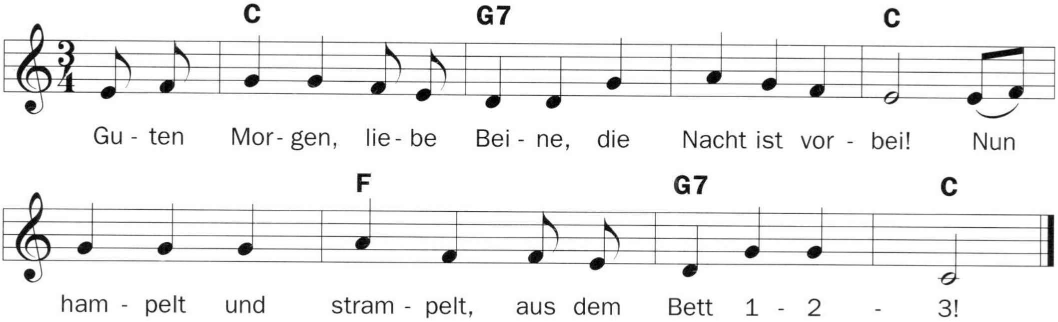

Guten Morgen, liebe Beine,
die Nacht ist vorbei!
Nun hampelt und strampelt,
aus dem Bett 1-2-3!

Guten Morgen, liebe Arme,
die Sonne scheint hell.
Nun reckt euch und streckt euch,
auf und nieder, ganz schnell.

Guten Morgen, kleine Schlafmaus,
nun schläft keiner mehr!
Alle Bären und Puppen,
die tanzen schon umher.

Guten Morgen, Kuschelkäfer,
die Nacht ist vorbei!
Nun tanz wie der Wind,
aus dem Bett 1-2-3!

Bei diesem kleinen Aufwecklied können die Hände der Mutter die kleinen Kinderbeine und Kinderarme hampeln und strampeln lassen. Und wenn die geliebte Schlafmaus oder der Bettbär dann noch ein Morgentänzchen auf der Bettdecke vorführen, findet das Kind sicher leichter aus den Federn heraus.

Himpel, humpel, hampel

Text: Barbara Cratzius

Alle unsre Spatzen,
hörst du, wie sie schwatzen?
Sitzen auf dem Dach,
sind schon lange wach.

Alle unsre Katzen,
mit den flinken Tatzen,
lecken sich das Fell,
laufen los - ganz schnell.

Alle unsre Hummeln,
hörst du, wie sie brummeln?
Fliegen in die Luft,
riechen Blütenduft.

Himpel, humpel, hampel,
stimpel, stumpel, stampel.
Und nun hüpft das Kind
aus dem Bett geschwind!

Wir lassen gemeinsam mit dem Kind die zappelnden Finger als Spatzen hochfliegen. Dazu singen und tschilpen wir fröhlich. Dann schleichen wir als Katze über die Bettdecke und lecken unsere Tatzen (die äußeren Handflächen) pantomimisch ab. -
Danach summen und brummeln wir wie die Hummeln. Zum Schluss nehmen wir das Kind an den Händen hoch und schwupp - hüpft es aus dem Bett heraus.

Ene - mene - maus

Text: Barbara Cratzius Musik: Klaus W. Hoffmann/ Rudi Mika

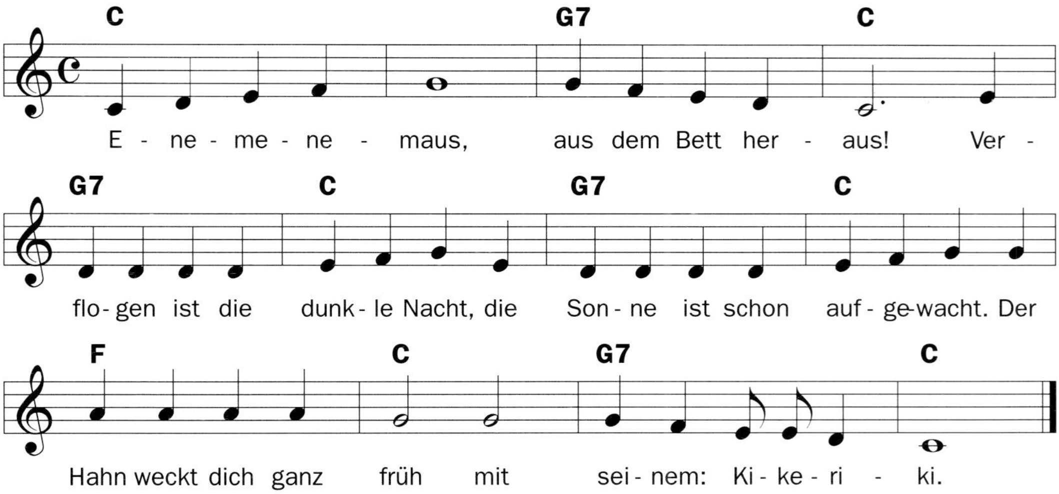

Ene - mene - maus,
aus dem Bett heraus!
Verflogen ist die dunkle Nacht,
die Sonne ist schon aufgewacht.
Der Hahn weckt dich ganz früh
mit seinem: Kikeriki.

Bei "Kikeriki" kann das Kind laut mitkrähen. Statt "Sonne" können wir auch die Namen der verschiedenen Kuscheltiere einsetzen, z.B. Vogel, Bär, Katze, Schäfchen...

Kapitel 2

Fünf kleine Zappelfinger

Fingerverse und Lieder

Fünf kleine Zappelfinger

Text: trad./ Barbara Cratzius Musik: trad.

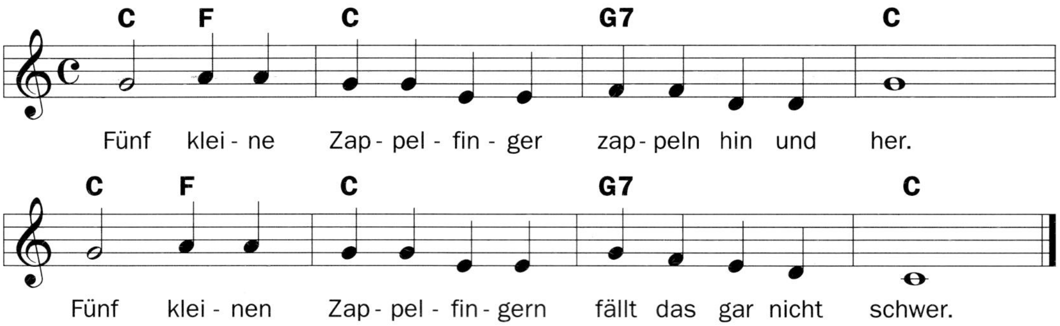

Fünf kleine Zappelfinger
zappeln hin und her.
Fünf kleinen Zappelfingern
fällt das gar nicht schwer.

Fünf kleine Zappelfinger
spielen leis Versteck.
Sie huschen untern Kissenberg
und sind auf einmal weg.

Fünf kleine Zappelfinger
kitzeln dich am Bauch.
Sie kitzeln dich am großen Zeh
und am Rücken auch.

Fünf kleine Zappelfinger
streicheln dich ganz sacht.
Dann flüstern sie dir in dein Ohr:
“Das hat uns Spaß gemacht”.

Fünf kleine Zappelfinger
hier auf meinem Schoß,
die haben sich jetzt ausgeruht.
Nun gehts von vorne los!

Dieses Fingerspiel können wir tagsüber mit dem Kind auf dem Schoß spielen. Während es in dem alten Kinderlied “Zehn kleine Zappelfinger!” heisst, sind für das Kleinkind jedoch fünf zappelnde Finger genug. Der Reiz dieses Spiels liegt auch im Wechsel von Ruhe und Bewegung. Wir können natürlich ausschmückend auch noch die Fingerspitzen bunt anmalen. Darüber freut sich das Kind besonders.

Geht ein Mann die Treppe rauf

Text: trad.

Geht ein Mann die Treppe rauf,
klingelingeling,
klopft an,
klopft an:
"Guten Tag, Frau Nasenmann!"

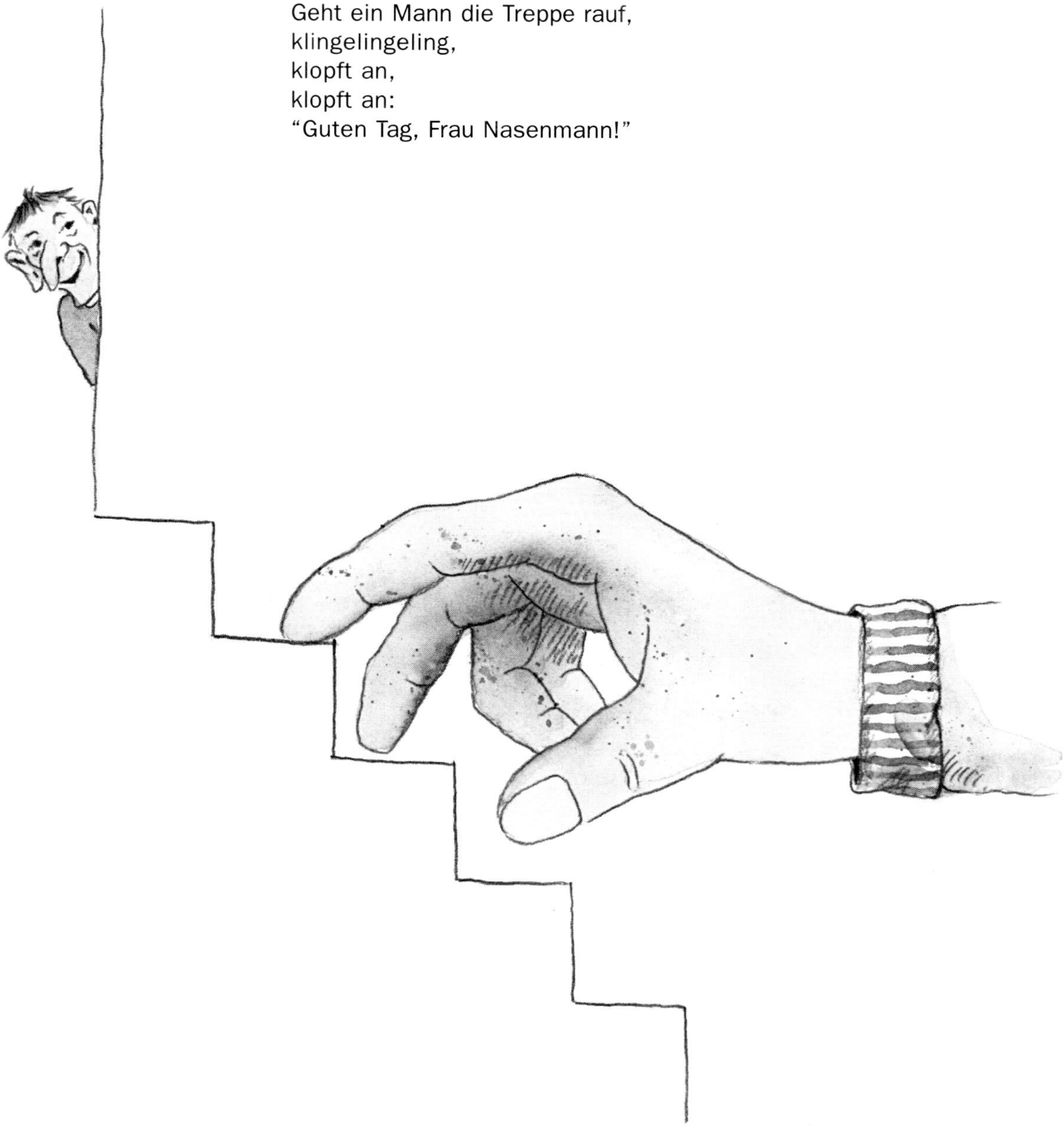

Wir lassen Mittel- und Zeigefinger den Kinderarm hinaufwandern. Bei "klopft an" wird zärtlich am Ohrläppchen gezogen. Dann wandern die Finger bis zur Nase und stippen sie sacht an.

Wie das Fähnchen auf dem Turme

Text und Musik:trad.

Wie das Fähnchen auf dem Turme
sich kann drehn bei Wind und Sturme,
so soll sich mein Händchen drehn,
dass es eine Lust ist anzusehn.

Wir bauen mit hochgerecktem Arm einen Turm. Die ausgestreckte Hand bewegen wir hin und her. Dies ist unser Fähnchen, das sich bei Wind und Sturm dreht. Bestimmt will das Kind gleich mitsingen oder die Bewegungen nachahmen.

Mäusebesuch

Text: trad.

Wir formen mit beiden Händen ein Haus.

In unserm Häuschen
sind viele, viele Mäuschen.

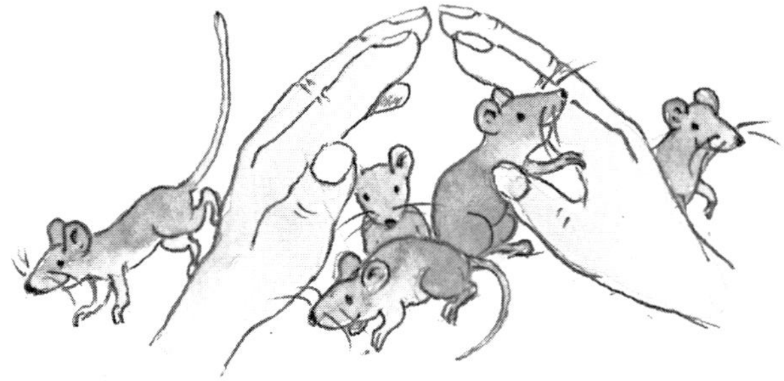

Nun lassen wir die Finger auf dem Bauch und auf den Oberschenkeln zappeln.

Sie trippeln und trappeln,
sie zippeln und zappeln,

Nun zappeln die Finger vor dem Mund auf und nieder.

sie stehlen und naschen.
Und will man sie haschen -

Zum Schluss lassen wir unsere Hände hinter dem Rücken verschwinden.

husch, sind sie alle weg!

Wir spielen und fangen lustig an

Text: trad./ Klaus W. Hoffmann Musik: trad.

Wir spielen, wir spielen und fangen lustig an.
Und wenn der Daumen nicht mehr kann,
dann kommt der Zeigefinger dran.
Wir spielen, wir spielen und fangen lustig an.

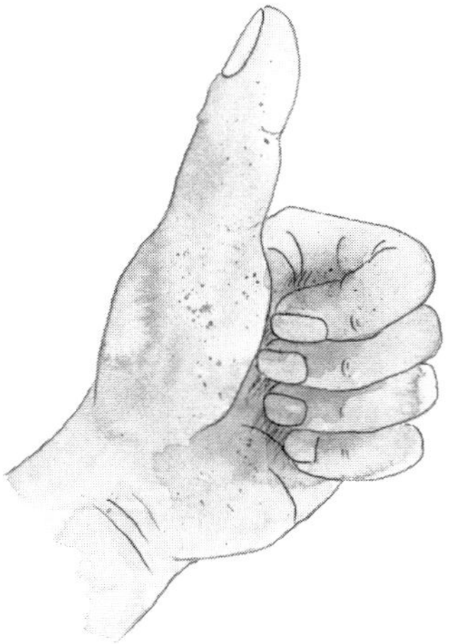

Wir spielen, wir spielen und fangen lustig an.
Und wenn der Zeiger nicht mehr kann,
dann kommt der Mittelfinger dran.
Wir spielen, wir spielen und fangen lustig an.

Wir spielen, wir spielen und fangen lustig an.
Und wenn der Mittler nicht mehr kann,
dann kommt der gold´ne Finger dran.
Wir spielen, wir spielen und fangen lustig an.

Wir spielen, wir spielen und fangen lustig an.
Und wenn der Gold´ne nicht mehr kann,
dann kommt der kleine Finger dran.
Wir spielen, wir spielen und fangen lustig an.

Wir spielen, wir spielen und fangen lustig an.
Und wenn der Kleine nicht mehr kann,
dann kommt die ganze Hand mal dran.
Wir spielen, wir spielen und fangen lustig an.

Wir singen die erste Strophe und klatschen zuerst nur mit den Daumen, dann in der nächsten Strophe mit den Zeigefingern usw. Wenn alle Fingerpaare an der Reihe waren, klatschen wir fröhlich mit beiden Händen.

Da hast einen Taler!

Text: trad.

Wir sprechen den Vers und legen dem Kind
ein Fantasiegeldstück in die Hand.

Da hast einen Taler,
geh auf den Markt,

Wir schließen die Kinderhand.

kauf dir eine Kuh
und ein Kälbchen dazu.

Wir streicheln sanft über den
Handrücken des Kindes.

Das Kälbchen hat ein Schwänzchen,

Wir kitzeln zuerst die Hand und dann
das ganze Kind.

didel, didel, dänzchen.

Meine Hände sind verschwunden

Text und Musik: trad.

Meine Hände sind verschwunden,
ich habe keine Hände mehr.
Hei, da sind meine Hände wieder,
hopsa, hopsa, tralala.

Meine Ohren sind verschwunden,
ich habe keine Ohren mehr.
Hei, da sind meine Ohren wieder,
hopsa, hopsa, tralala.

Meine Augen sind verschwunden,
ich habe keine Augen mehr.
Hei, da sind meine Augen wieder,
hopsa, hopsa, tralala.

Meine Nase ist verschwunden,
ich habe keine Nase mehr.
Hei, da ist meine Nase wieder,
hopsa, hopsa, tralala.

Dieses einfache Lied können wir bereits mit den Kleinsten zusammen spielen. Natürlich sind die Hände zuerst hinter dem Rücken verschwunden und tauchen plötzlich -wie durch ein Wunder- wieder auf. Dann verdecken wir mit den Händen unsere Ohren, dann die Augen und auch die Nase. Diese Spielerei macht dem Kind unglaublich Spaß. Es möchte gar nicht mehr aufhören. Wir können noch so viel verdecken und entdecken!

Kapitel 3

Das ist der Daumen

Lieder, Verse und Spiele für Daumen und Faust

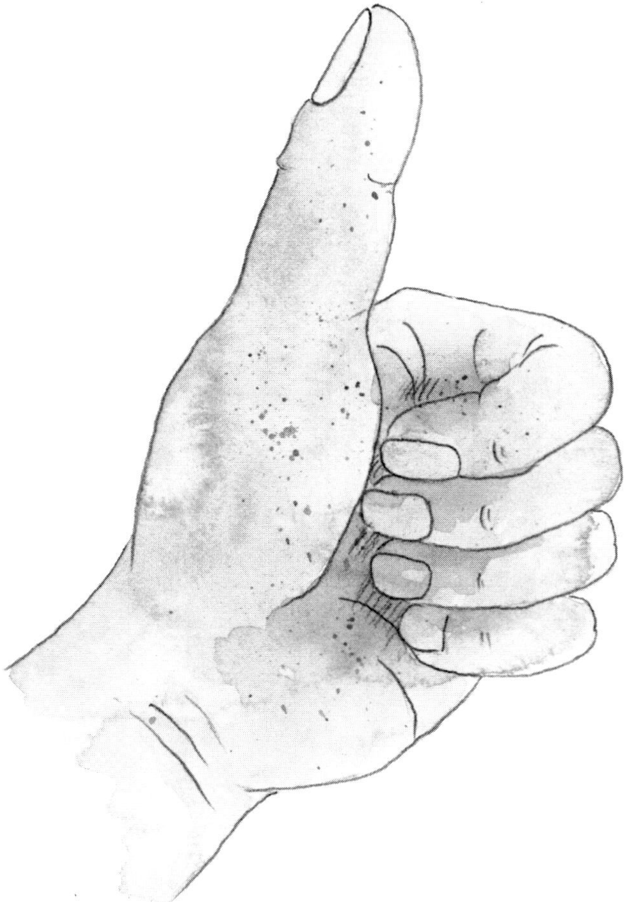

Trippel, trappel macht die Maus

Text: Barbara Cratzius Musik: Klaus W. Hoffmann

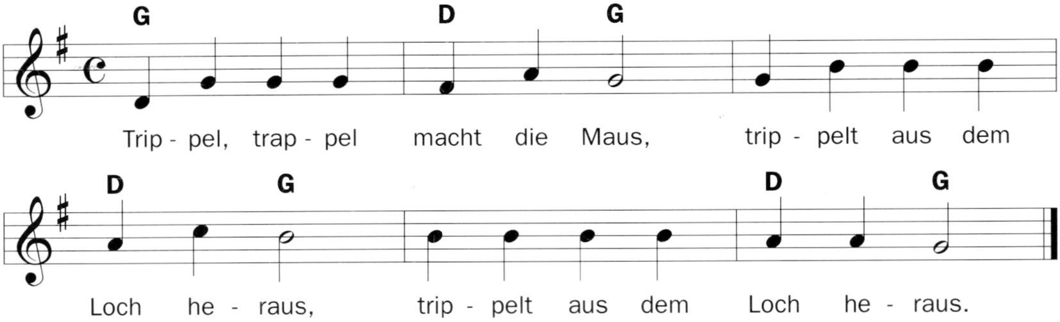

Trippel, trappel macht die Maus,
trippelt aus dem Loch heraus.

Mit den Fingerspitzen auf dem Tisch trippeln.

Schleiche, schleiche macht die Katz,
springt dann los mit einem Satz.

Vorsichtig mit den Fingerspitzen auf dem Tisch entlangschleichen, dann plötzlich losspringen.

Hopp, hopp macht das Känguru,
Känguru, wie schnell bist du?

Mit den Fingern auf dem Tisch hüpfen.

Bumm, bumm macht der Elefant,
stampft geschwind durch Gras und Sand.

Mit der Faust auf den Tisch klopfen.

Der Wechsel von langsamen zu schnellen Bewegungen macht den Kleinsten viel Spaß. Dieses Finger-Faust-Spiel kann oft wiederholt werden. Kleine Kinder lieben Wiederholungen. Sie wollen ihre Lieblingsverse immer wieder hören.

Das ist der Daumen!

Text: trad.

Das ist der Daumen,
der schüttelt die Pflaumen,
der liest sie auf,
der trägt sie nach Haus,
und der Kleine isst sie alle, alle auf.

Wir tippen die entsprechenden Finger des Kindes an. Schon nach kurzer Zeit will das Kind mitmachen, denn es weiß ganz schnell, welcher Finger gemeint ist.

Däumchens Seereise

Text: trad./ Klaus W. Hoffmann Musik: Klaus W. Hoffmann

Die beiden Däumchen, dick und klein,
die stiegen in ein Schiff hinein,
die stiegen in ein Schiff hinein.

Das Schiff, es schaukelte so sehr,
es fuhr hinaus aufs weite Meer,
es fuhr hinaus aufs weite Meer.

Auf einmal kam der Wind daher
und blies und blies aufs weite Meer,
und blies und blies aufs weite Meer.

Da wurd den Däumchen bang zu Mut.
Sie riefen: "Wind, uns gehts nicht gut!"
Sie riefen: "Wind, uns gehts nicht gut!

Stell doch das dumme Blasen ein,
wir fürchten uns so ganz allein,
wir fürchten uns so ganz allein!"

Da kam der Wind ganz still daher
und schickte Sonnenschein aufs Meer,
und schickte Sonnenschein aufs Meer.

Die Däumchen fuhren heim geschwind
und sagten: "Schönen Dank, Herr Wind!"
Und sagten: "Schönen Dank, Herr Wind!"

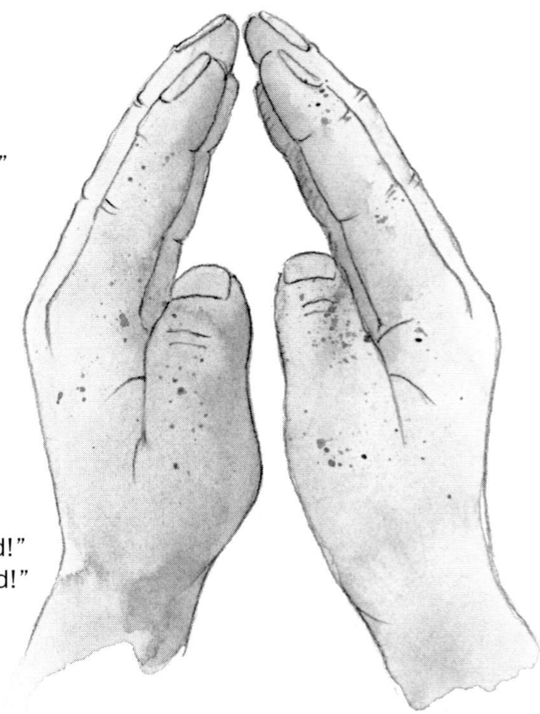

Um das Schiff darzustellen, legen wir die Finger beider Hände wie zu einem Gebet aneinander. Die beiden Daumen wollen sich nun auf große Fahrt begeben. Sie steigen in das Boot hinein. Dabei verstecken wir die Daumen in der mittleren Höhle. Nun lassen wir die Hände vor dem Körper im Rhythmus schaukeln und blasen kräftig dazu, wie ein starker Wind. Am Ende schaukeln wir das Schiff wieder sehr zärtlich. Es soll nun ruhig auf dem Wasser treiben, so dass die beiden Däumchen wieder mutig aus ihrem Schutz auftauchen können.

Schnick und Schnack

Text:trad.

Zwei Zappelmänner - aus dem Sack!
Der eine heißt Schnick,
der andre heißt Schnack.
Schnick hat ne Mütze,
und Schnack hat nen Hut,
und alle beide vertragen sich gut.

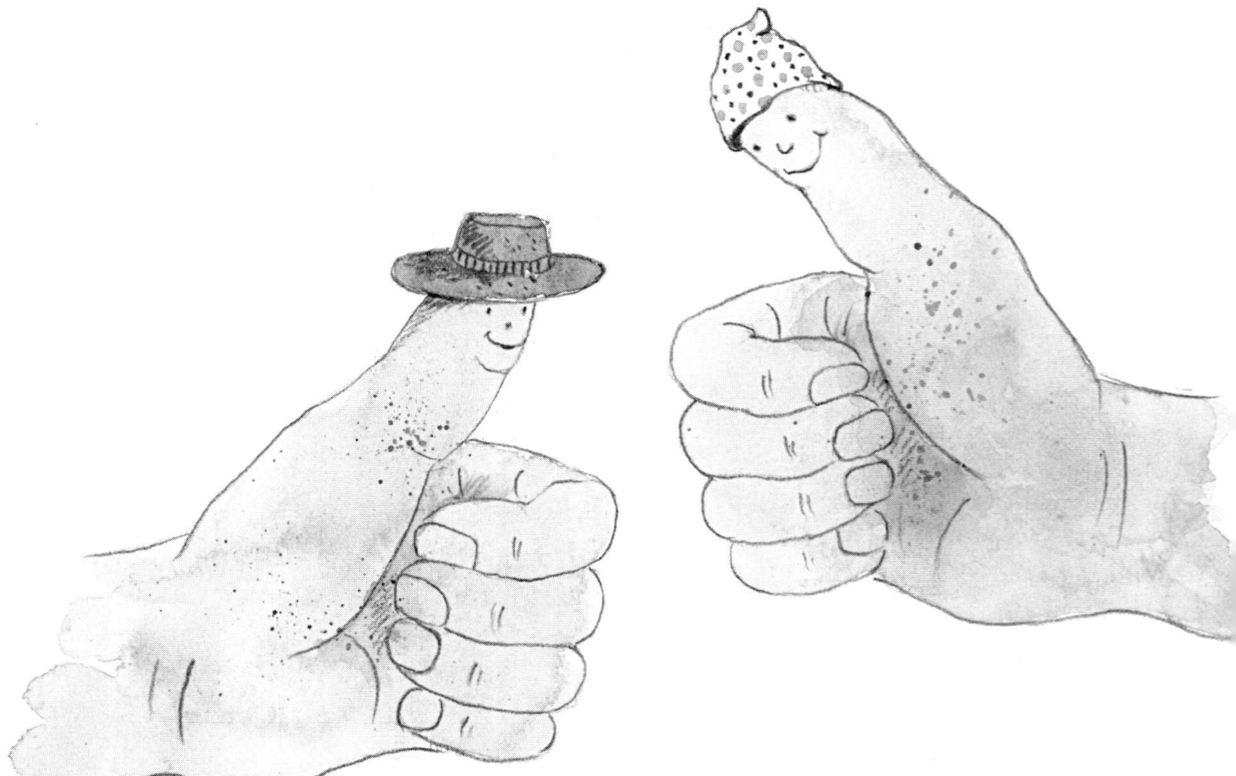

Wir bilden zwei Fäuste und lassen die Daumen nacheinander mit schnellen Bewegungen zum Vorschein kommen. Schnick trägt eine kleine bunte Mütze aus Stoffresten, Schnack hat einen wunderschönen Hut aus schwarzer Pappe. Wie zwei Hunde, die sich beim Kennenlernen zuerst "beschnüffeln", umtanzen sich Schnick und Schnack und streicheln sich dann.

Die Daumenmaus

Text: Klaus W. Hoffmann Musik: Klaus W. Hoffmann/ Rudi Mika

Drei Fenster hat das Haus
der kleinen Daumenmaus.
Will sich die Maus die Welt besehn,
bleibt sie an einem Fenster stehn.
Drei Fenster hat das Haus
der kleinen Daumenmaus.

Drei Fenster hat das Haus
der kleinen Daumenmaus.
Durchs erste Fenster sieht sie dich,
durchs zweite Fenster sieht sie mich.
Drei Fenster hat das Haus
der kleinen Daumenmaus.

Drei Fenster hat das Haus
der kleinen Daumenmaus.
Durchs dritte Fenster, das ist schön,
kann sie uns alle beide sehn.
Drei Fenster hat das Haus
der kleinen Daumenmaus.

Das Lied von der Daumenmaus ist für zwei Mitspieler. Wir ballen eine Faust und zeigen mit dem Zeigefinger der anderen Hand auf die Zwischenräume der "Faustfinger". Das sind die Fenster. Dazu singen wir die ersten und letzten beiden Zeilen der Strophen. Zu den Zeilen drei und vier lassen wir den Daumen zwischen den Fingern auftauchen und zum "Fenster" herausschauen.

Auf einem gelben Butterberg

Text:trad.

Wir machen eine Faust
Auf einem gelben Butterberg,
und recken den Daumen in die Höhe.
da saß ein großer dicker Zwerg.
Die andere Faust wird zur Sonne.
Da kam die Sonne eins, zwei, drei
Dem Daumenzwerg wird es zu heiß
und er verkriecht sich in seiner Fausthöhle.
und schmolz den Butterberg entzwei.
O weh, o Schreck,
Die Faust verschwindet hinter dem Rücken.
da war er weg!

Pinke - pank

Text und Musik: trad.

Pinke - pank,
der Schmied ist krank.
Wo soll er wohnen:
unten oder oben?

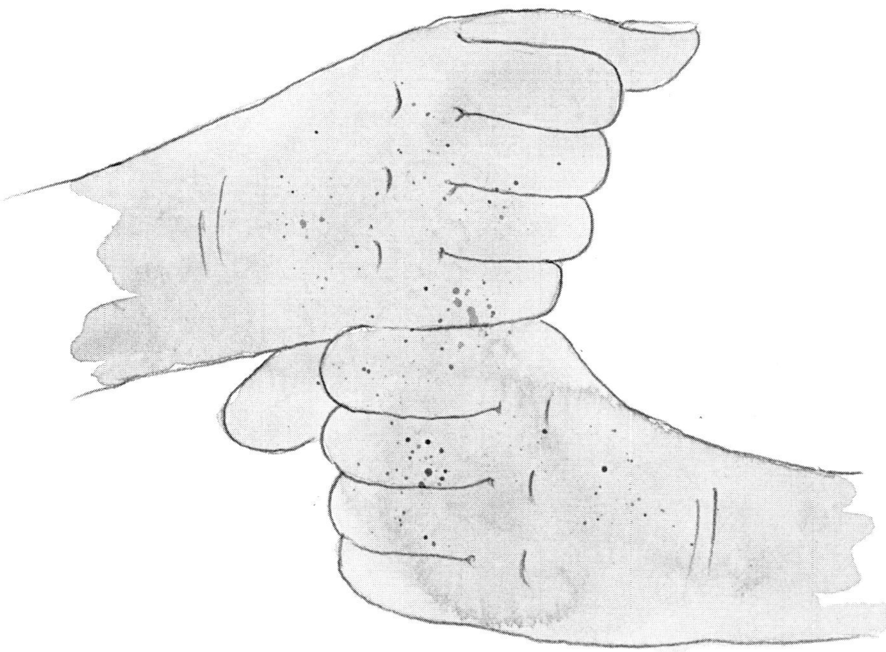

Diesen Vers begleiten wir mit unseren Fäusten. In einer Faust verstecken wir zunächst ein kleines Geheimnis (Glasmurmel, Bonbon, Erdnuss). Nun türmen wir die Fäuste abwechselnd aufeinander und singen dazu im Rhythmus das Lied. Man muss schon ganz genau zuschauen, um am Schluss richtig raten zu können, in welcher Faust sich das kleine Geheimnis befindet. Wer richtig geraten hat, ist dran und darf selber das Pinke - Pank - Spiel machen. Nun müssen die anderen raten. - Es ist nur ein kleines Spiel, mit wenig Text und einer einfachen Auszählmelodie, aber ein Riesenspaß für die Mitspieler!

Kapitel 4

Jetzt decken wir den Tisch!

Verse und Lieder zum Essen

Morgens früh um sechse

Text: trad./ Barbara Cratzius Musik: Klaus W. Hoffmann

Morgens früh um sechse
kommt die kleine Hexe.
Und dann rührt sie 1-2-3
süßen Honig in den Brei.
Hm - das schmeckt!

Morgens früh um sieben
schabt sie gelbe Rüben.
Und dann rührt sie 1-2-3
noch Rosinen in den Brei.
Hm - das schmeckt!

Morgens früh um acht
hat sie Milch ganz heiß gemacht,
Und dann rührt sie 1-2-3
noch Bananen in den Brei.
Hm - das schmeckt!

Morgens früh um neun
darf sich jeder freun,
denn dann gibt es süßen Brei,
eine wahre Leckerei!
Hm - das schmeckt!

Manchmal will unser Schatz gar nicht so gerne essen und sitzt nur maulend am Tisch. Dann kann dieses kleine Hexenlied oft Wunder bewirken. Warum sollte der Papa sich nicht mal ein lustiges "Hexenkopftuch" umbinden? Vielleicht zaubert die Mama auch eine kleine Hexenfingerpuppe herbei, die auf einem Eierbecher vor dem Kinderteller ihren Besen schwingt? Die Hexe kann dann ihren Hexenspruch: "Hm - das schmeckt!" solange vorsprechen, bis der kleine Spaß den großen Hunger geweckt hat.

Im Zwergenhaus

Text: Barbara Cratzius

In dem Wald, da steht ein Haus,
(Mit den Händen ein Hausdach formen)
guckt ein Zwerg zum Fenster raus.
(Mit den Händen eine Brille andeuten)
Ruft: "Komm in mein Haus hinein!
(Mit den Fingern locken)
Hier gibt´s Äpfel* groß und fein!"
(Mit den Händen über den Bauch streicheln)
Zwerglein reicht dir seine Hand.
(Das Kind an die Hand nehmen)
Nun gibt´s Spaß im Zwergenland!

Nun wird das Kind sicher mit Appetit essen. Besonders schön ist es, wenn auf dem Tisch dann noch kleine Überraschungen aus dem Zwergenland liegen, z.B. Zwergenpüppchen oder eine Zwergenserviette.

** hier können natürlich beliebige Früchte oder Gerichte eingesetzt werden*

Mein - dein - sein

Text: trad. Musik: Klaus W. Hoffmann/ Rudi Mika

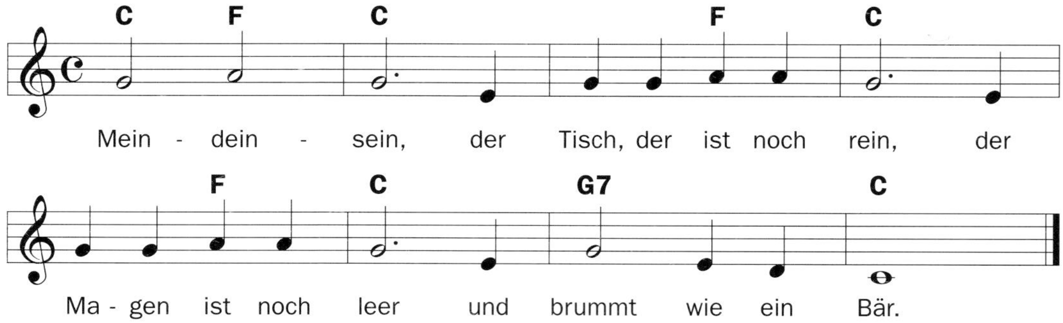

Wir lassen den Zeigefinger kreisen.
Er zeigt auf alle, die am Tisch sitzen.

Mein - dein - sein,
der Tisch, der ist noch rein,

Die Hände kreisen über dem Bauch.

der Magen ist noch leer
und brummt wie ein Bär.

Nun brummt die ganze Bärenfamilie.

Wenn die Zwerge Milchreis essen

Text: Barbara Cratzius

In dem Walde steht ein Haus,
Mit den Händen ein Hausdach formen.
da gucken die Zwerge zum Fenster raus.
Die Finger als "Brille" vor die Augen halten.

Der erste Zwerg ruft: " 1 - 2 - 3, ich bin nicht bescheiden,
wo nur die roten Äpfel bleiben?"

Der zweite Zwerg ruft: "1 - 2 - 3, ich bin nicht bescheiden,
wo nur die süßen Bananen bleiben?"

Der dritte Zwerg ruft: " 1 - 2 - 3, ich bin nicht bescheiden,
wo nur die süßen Rosinen bleiben?"

Der vierte Zwerg ruft: " 1 - 2 - 3, ich bin nicht bescheiden,
wo nur die Honiglöffel bleiben?"

Der fünfte Zwerg ruft: " 1 - 2 - 3 - 4
nun steht ja alles hier!
Hurra, wie gut das schmeckt!
Schon ist der Teller ausgeleckt!
Hm..."

Es ist wichtig, dass die Zwergenverse so oft wiederholt werden, bis auch die Kleinsten sie mitsprechen können. Mit Zwergenfiguren kann auch auf dem Tisch gespielt oder sogar der Vers mit Fingerpuppen begleitet werden.

Backe, backe Kuchen

Text und Musik: trad.

Backe, backe Kuchen,
der Bäcker hat gerufen!
Wer will guten Kuchen backen,
der muss haben sieben Sachen:
Eier und Schmalz,
Butter und Salz,
Milch und Mehl,
Safran macht den Kuchen gehl:
Schieb in den Ofen rein.

Wir begleiten die ersten vier Zeilen des Liedes mit einem Klatschrhythmus. Dabei formen wir die Hände so, als ob wir mit ihnen einen Kuchenteig pressen wollten. Während die Zutaten aufgezählt werden, heben alle Mitspieler nacheinander die fünf Finger der rechten und dann den Daumen und den Zeigefinger der linken Hand (es sind ja sieben Zutaten). Zum Schluss schieben wir mit beiden Händen den Kuchen in den Ofen.
Anmerkung: Safran ist ein sehr teures Gewürz (wird aus speziellen Schweizer Krokusblüten gewonnen) und lässt den Teig dann schön "gehl=gelb" aussehen.

Der kleine Kobold Schnibelschnabel

Text: Klaus W. Hoffmann

Der kleine Kobold Schnibelschnabel
isst den Brei mit einer Gabel,
isst den Brei mit einem Messer -
mit dem Löffel wär es besser!

Wir bilden mit den gespreizten Fingern der rechten Hand eine große Gabel. Damit versuchen wir den Brei zu essen. Dann wird unser Zeigefinger zum Messer, doch auch so klappt es nicht besonders gut. Erst wenn wir mit der Hand einen schönen, großen Löffel formen, können wir den köstlichen Brei essen. Guten Appetit!

Lied vom (Fr)essen

Text: Klaus W. Hoffmann Musik: Rudi Mika

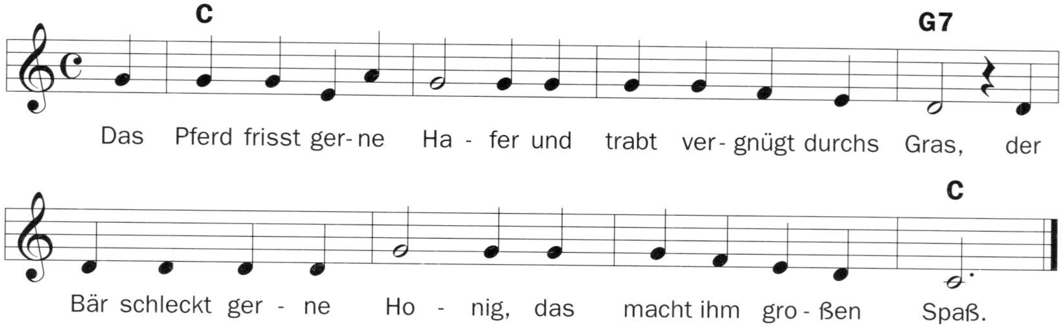

Das Pferd frisst gerne Hafer
und trabt vergnügt durchs Gras,
der Bär schleckt gerne Honig,
das macht ihm großen Spaß.

Das Huhn frisst gerne Körner,
es pickt sie voller Glück,
die Feldmaus sammelt Nüsse
und knackt sie, Stück für Stück.

Der Affe frisst Bananen,
denn davon wird er stark,
die Katze mag gern Milchbrei
und auch mal süßen Quark.

Die Kinder essen Müsli.
Und was kommt da hinein?
All diese leckren Sachen,
dann schmeckt das Müsli fein.

Dies ist ein Küchenlied. Wenn wir zusammen ein großes Früchtemüsli (oder einen Obstsalat) zubereiten, dann macht es Spaß, dieses Lied dabei zu singen. Vielleicht fallen uns sogar neue Stophen ein?

Kapitel 5

Wir reisen nach Kleintrampeldorf

Bewegungslieder und Spiele für die Kleinsten

Wir reisen nach Kleintrampeldorf

Text und Musik: Klaus W. Hoffmann

Wir reisen nach Kleintrampeldorf,
und wer soll mit?
Die Katze mit dem Ringelschwanz,
die soll mit.

Wir reisen nach Kleintrampeldorf,
und wer soll mit?
Die Ente mit dem Hasenohr,
die soll mit.

Wir reisen nach Kleintrampeldorf,
und wer soll mit?
Der Dackel mit dem Hängebauch,
der soll mit.

Wir reisen nach Kleintrampeldorf,
und wer soll mit?
Die Ziege mit dem Pferdefuß,
die soll mit.

Wir reisen nach Kleintrampeldorf,
und wer soll mit?
Das Ferkel mit dem Federkleid,
das soll mit.

Wir gehen im Gänsemarsch, wie bei einer Polonaise, mit kleinen, stampfenden Schritten. Dazu singen wir das Lied. Nach jeder Strophe schließt sich ein weiteres Tier an. Dieses schwungvolle Spiellied kann auch zur Karnevals- bzw. Faschingszeit mit vielen verkleideten Kindern als Kreisspiel aufgeführt werden. Wer dichtet weitere lustige Strophen?

Wenn die Glocken schwingen

Text: Barbara Cratzius

-auf den Knien zu spielen oder zu singen-

Siehst du, wie die Glocken schwingen,
hörst du, wie die Glocken klingen?
Hin und her und immer mehr,
das ist gar nicht schwer.

Immerzu die Glocken klingen,
wie sie schwingen, wie sie singen.
Immer mehr bei Wind und Sturm
oben in dem Turm.

Leiser unsre Glocken klingen,
langsamer die Glocken schwingen.
Schließt den Glockenturm nun zu,
alles geht zur Ruh.

Das Kind kann die Glöckchen am Kinderbett antippen und zusehen, wie sie hin- und herschwingen. Der Klang verzaubert.
Am Anfang nehmen wir mit dem Kind die Glockenbewegungen mit dem ganzen Körper auf. Die Bewegungen werden immer stärker, bis sie langsam ausschwingen und das Kind sanft ins Bett gelegt wird.

Wer macht mit?

Text: trad./ Barbara Cratzius Musik: trad.

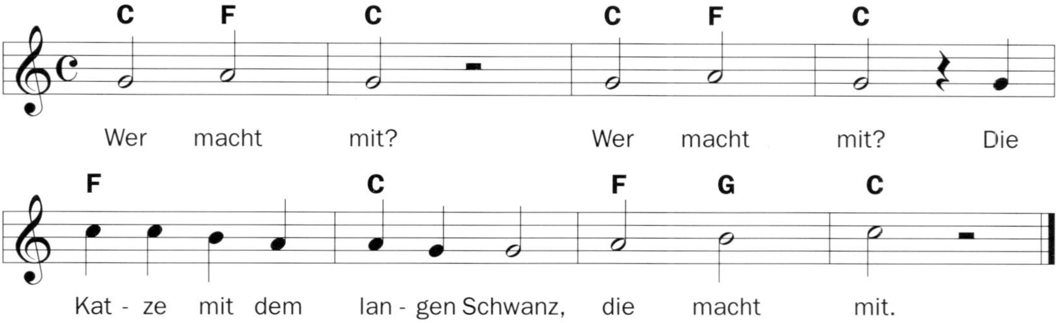

Wer macht mit?
Wer macht mit?
Die Katze mit dem langen Schwanz,
die macht mit.

Wer macht mit?
Wer macht mit?
Der Elefant im Stampfeschritt,
der macht mit...

Der Frosch mit einem großen Satz...
Der Storch mit seinem roten Bein...
Der Pfau mit seinem bunten Schwanz...
Die Maus mit ihrem Mäusebart...
Der Pinguin mit schwarzem Frack...
Der Bär mit seinem braunen Fell...

Dieses Bewegungsspiel kann auch bei einem Kindergeburtstag oder bei einem Faschingsfest eingesetzt werden. Dazu können die Kinder angemalt oder verkleidet werden. Es macht den Kleinsten viel Spaß, wenn sie zum Text die entsprechenden Bewegungen machen: Der Frosch springt, der Storch schreitet, der Pfau stolziert, der Elefant stampft, die Maus trippelt, die Katze schleicht...

Tschu, tschu, tschu, die Eisenbahn

Text und Musik: trad.

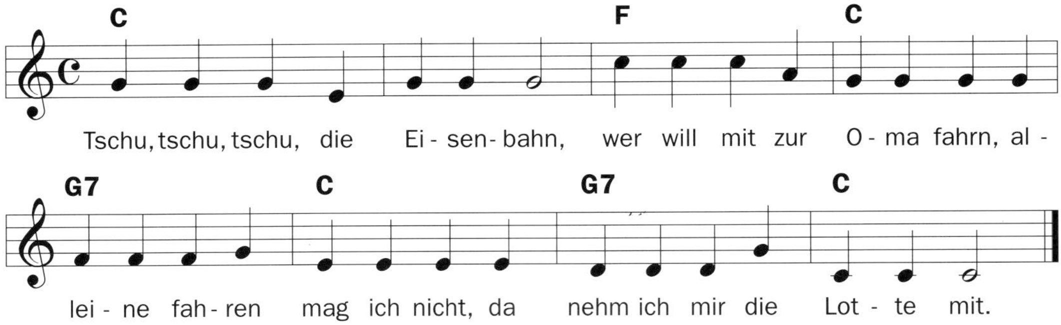

Tschu, tschu, tschu, die Eisenbahn,
wer will mit zur Oma* fahrn,
alleine fahren mag ich nicht,
da nehm ich mir die Lotte* mit.

*Ähnlich wie die “Reise nach Kleintrampeldorf” können wir auch “Die Eisenbahn” spielen. Die Kinder, die sich dem Zug anschließen sollen, werden aufgerufen. *Natürlich können wir auch zum Opa, zur Kirmes oder zur Kita fahren.*

Ich bin ein kleiner Esel

Text: trad./ Klaus W. Hoffmann Musik: trad.

Ich bin ein kleiner Esel
und wandre durch die Welt.
Ich wackle mit dem Hinterteil,
so wie es mir gefällt.
I-a, I-a, I-a, I-a, I-a.

Ich bin die kleine Katze
und schleiche durch die Welt.
Ich schleiche langsam, schleiche schnell,
so wie es mir gefällt.
Miau, Miau, Miau, Miau, Miau.

Ich bin der kleine Tanzbär
und tanze durch die Welt.
Ich drehe mich im Kreis herum,
so wie es mir gefällt.
Brummbrumm, Brummbrumm,
Brummbrumm, Brummbrumm, Brummbrumm,

Dieses Lied können wir gemeinsam mit mehreren Kindern singen und spielen. Das erste Kind wird der kleine Esel, das zweite die Katze und das dritte Kind wird der Tanzbär. Den Refrain singen alle gemeinsam und machen dabei die passenden Tierbewegungen.

Ballspiel

Text: Klaus W. Hoffmann

Ich rolle meinen Ball zu dir,
du hältst ihn auf. Roll ihn zu mir!
Ich halt ihn auf, das ist nicht schwer.
Der Ball rollt hin, der Ball rollt her.

Dies ist ein Bewegungs-Turn- Lied für zwei Personen. Wir setzen uns auf den Boden und spreizen die Beine, so dass sich unsere Fußspitzen berühren. Nun rollen wir uns gegen seitig einen Ball zu (bei kleineren Kindern vielleicht zuerst nur einen Tennisball, bei größeren Kindern sogar schon einen Gymnastikball). Dabei strecken wir den Oberkörper jedesmal nach vorn und begleiten den Ball mit unseren Händen, so weit es geht. Die Beine halten wir jedoch gespreizt und dabei gestreckt. Der Ball kann nicht wegspringen. Wir rollen und rollen und sprechen dabei den kleinen Vers.

Seht mal da, die Kinder kommen!

Text: trad./ Klaus W. Hoffmann Musik: trad.

Seht mal da, die Kinder kommen,
Kinder kommen, Kinder kommen.
Seht mal da, die Kinder kommen,
alle sind schon da.

Alle Mitspieler halten sich an den Händen und bilden einen Kreis.

Seht mal da, die Riesen kommen,
Riesen kommen, Riesen kommen.
Seht mal da, die Riesen kommen,
alle sind schon da.

Alle strecken die Arme nach oben und gehen auf den Zehenspitzen.

Seht mal da, die Zwerge kommen,
Zwerge kommen, Zwerge kommen.
Seht mal da, die Zwerge kommen,
alle sind schon da.

Alle gehen gehockt im Kreis oder auf allen vieren.

Seht mal da, die Geister kommen,
Geister kommen, Geister kommen.
Seht mal da, die Geister kommen,
alle sind schon da.

Mit den Armen weiche, wellenförmige Schwebebewegungen machen.

Wir können das Lied gemeinsam singen und gleichzeitig die verschiedenen Figuren darstellen. Weitere Spielmöglichkeiten wären z.B. "Ritter", "Cowboys" oder "Vögel". Dekorationen sind nicht nötig. Die Bewegungen sind einfach, machen allen Kindern Spaß und lockern besonders die großen Mitspieler auf.

Kapitel 6

Hoppe, hoppe, Reiter

Kniereiter

Kniereiterlied

Text: Barbara Cratzius Musik: Klaus W. Hoffmann

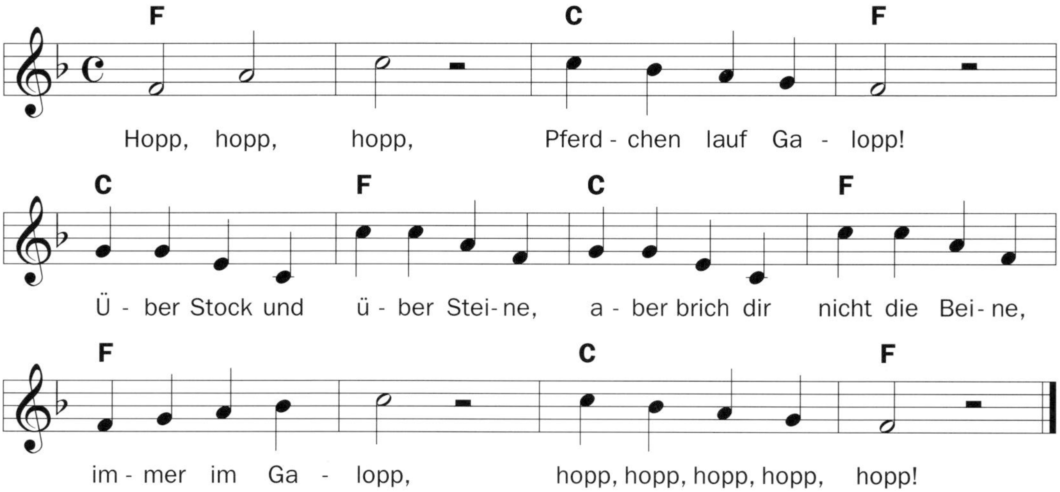

Hopp, hopp, hopp,
Pferdchen lauf Galopp.
Pferdchen hast ja rote Schuh,
komm, ich sing ein Lied dazu.
Reiten wir durchs grüne Gras,
mach dir nicht die Strümpfe nass.

Hopp, hopp, hopp,
Pferdchen lauf Galopp.
Pferdchen hast ja blaue Schuh,
komm, ich sing ein Lied dazu.
Reiten wir durch weichen Sand,
weiter bis ins Träumeland.

Hopp, hopp, hopp,
Pferdchen lauf Galopp.
Pferdchen hast ja weiße Schuh,
komm, ich sing ein Lied dazu.
Reiten wir durchs Wolkenmeer,
segelt sacht ein Traum daher.

Dieses Kniereiterlied kann abends gespielt werden, wenn das Kind noch recht aufgedreht ist. Die erste Strophe kann dabei mehrmals wiederholt werden. Bei "mach dir nicht die Schuhe nass" beugt sich das Kind mit dem Oberkörper weit nach hinten. Gut festhalten! - Danach werden die Schaukelbewegungen sanfter, das Lied wird leiser und noch leiser gesungen, bis unser Reiter langsam ins Bett und weiter in den Schlaf hinüberreitet. Das Kind hat viel Freude daran, wenn ihm bei der Wiederholung des Kniereiters jeweils Strümpfe mit den besungenen Farben angezogen werden. Dabei lernt es ganz nebenbei, spielerisch die Farben zu unterscheiden.

Hopp, hopp, hopp

Text: Barbara Cratzius

Hopp, hopp, hopp,
Pferdchen, lauf Galopp.
Überspringt den großen Graben,
will nun etwas ruhiger traben.
Will jetzt fröhlich galoppieren,
darf den Reiter nicht verlieren.
Noch ein kleines Stückchen laufen
bis zum hohen Maulwurfshaufen.
Springt dann müd nach Haus,
ruht im Stroh sich aus.
Doch dann geht es
hopp, hopp, hopp,
wieder im Galopp.

Der Wechsel von Ruhe und Bewegung ist auch bei diesem Vers sehr motivierend. Voller Vorfreude erwartet das Kind nach der Stelle "ruht im Stroh sich aus" wieder den schnellen Galoppsprung. Spätestens beim zweiten Mal wird es aktiv mitmachen.

Ich bin ein kleines Pony

Text und Musik: Klaus W. Hoffmann

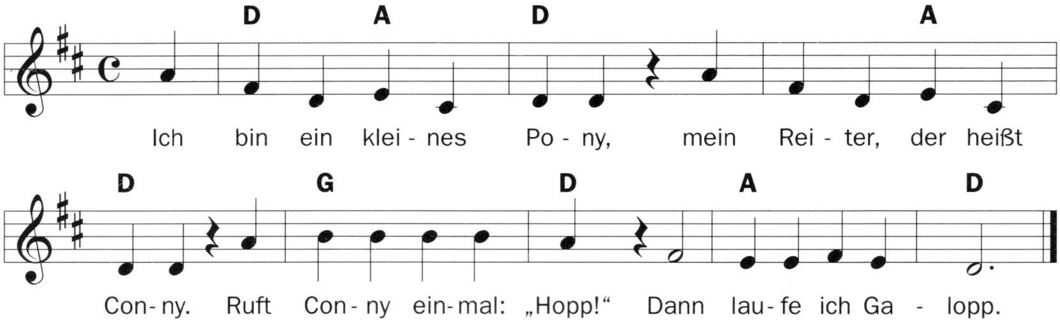

Ich bin ein kleines Pony,
mein Reiter, der heißt Conny.
Ruft Conny einmal: “Hopp!”
Dann laufe ich Galopp.

Ich bin ein kleines Pony,
mein Reiter, der heißt Conny.
Wird mir die Puste knapp,
dann laufe ich im Trab.

Ich bin ein kleines Pony,
mein Reiter, der heißt Conny.
Und komm ich nicht mehr mit,
dann laufe ich im Schritt.

Ich bin ein kleines Pony,
mein Reiter, der heißt Conny.
Und bin ich richtig schlapp,
dann werf ich Conny ab.

Das Pony-Lied ist ein Kniereiter-Spiellied mit Tempowechsel. Wir beginnen mit einem flotten Aufgalopp - bitte das Kind immer gut festhalten. Nicht nur das Pony wird müde, sondern die Erwachsenen auch. Macht nichts, denn nun wird das Tempo immer langsamer. Zum Schluss lassen wir Reiter oder Reiterin vorsichtig zur Seite fallen.

Hoppe, hoppe, Reiter

Text und Musik: trad. um 1800

Hoppe, hoppe, Reiter,
wenn er fällt, dann schreit er!
Fällt er in den Graben,
fressen ihn die Raben.
Fällt er in den Sumpf,
macht der Reiter plumps!

Hoppe, hoppe, Reiter,
wenn er fällt, dann schreit er!
Fällt er auf die Steine,
tun ihm weh die Beine.
Fällt er in den Sumpf,
macht der Reiter plumps!

Hoppe, hoppe, Reiter,
wenn er fällt, dann schreit er!
Fällt er in die Hecken,
fressen ihn die Schnecken.
Fällt er in den Sumpf,
macht der Reiter plumps!

Sicherlich der bekannteste Kniereiter deutscher Sprache. Obwohl sich nur die erste Strophe allgemein durchgesetzt hat, wollen wir an dieser Stelle die beiden anderen Strophen nicht verschweigen. "Fressen" ist sicherlich ein Wort, dass Angst machen kann. Deshalb ist es wichtig, dem Kind durch eine freundliche Körpersprache diese Angst zu nehmen. Wir wollen das Kind ja nicht bestrafen, sondern zusammen Spaß haben. Also, auf gehts - ein neuer Ritt: Der kleine Reiter hat es sich auf Papas oder Mamas Knien gemütlich gemacht. Wir reiten los. Zum Schluss muss der Reiter sich gut festhalten, damit er nicht herunterfällt. Die Melodie dieser Verse kennt sicherlich jeder.

Hopp, hopp, hopp! Pferdchen lauf Galopp

Text: Carl Hahn (1772-?)
Musik: Carl Gottlieb Heering (1766-1853)

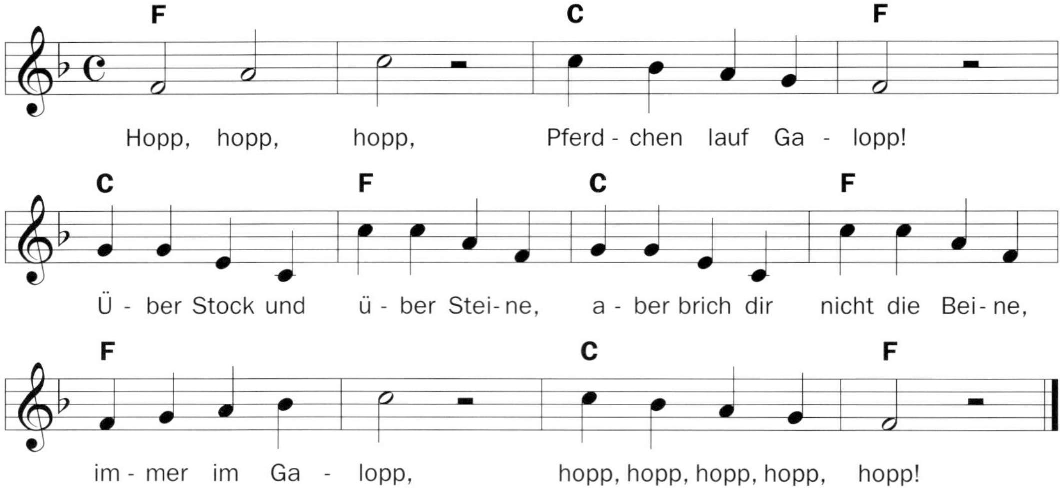

Hopp, hopp, hopp,
Pferdchen lauf Galopp!
Über Stock und über Steine,
aber brich dir nicht die Beine,
immer im Galopp,
hopp, hopp, hopp, hopp, hopp!

Tipp, tipp, tapp,
wirf mich ja nicht ab!
Zähme deine wilden Triebe,
Pferdchen, tu es mir zuliebe,
wirf mich ja nicht ab!
Tipp, tipp, tipp, tipp, tapp!

Brr, brr, he,
steh doch, Pferdchen, steh!
Sollst du heute weiterspringen,
muss ich dir erst Futter bringen,
steh doch, Pferdchen, steh!
Brr, brr, brr, brr, he!

Noch ein sehr bekannter Kniereiter, der ursprünglich sogar fünf Strophen hatte, aber nur noch in seiner "Kurzform" (erste Strophe) allgemein beliebt ist. Wir haben zwei weitere Strophen hier aufgeführt, die ein schönes Spiel ermöglichen: Der kleine Reiter sitzt rittlings auf den Knien von Mama oder Papa. Und schon kann unsere Galopp-Hoppelei beginnen. Zuerst im gemäßigten Galopp. In der zweiten Strophe wird der Ritt immer schneller und wilder, erst bei "Brr, brr, brr" steht das Pferdchen still.

Fährt ein Schiffchen

Text: trad.

Fährt ein Schiffchen auf dem Meer,
schaukelt hin und schaukelt her;
kommt ein großer Sturm daher,
fällt *die Moni in das Meer.
Platsch!

*Diesmal ist das Kind kein Reiter, sondern ein Passagier auf einem Ozeandampfer. Das Schiff (die Knie) schaukelt hin und her. Zuerst gemütlich, dann turbulenter, bis es zum Schluss unter großem Hallo kentert. Bei * können wir natürlich den passenden Kindernamen einsetzen.*

Hopp, hopp, hopp, zu Pferde

Text: trad./ Klaus W. Hoffmann Musik: Klaus W. Hoffmann

Hopp, hopp, hopp, zu Pferde,
wir reiten um die Erde.
Die Sonne reitet hinterdrein,
wie wird sie abends müde sein.
Hopp, hopp, hopp, zu Pferde,
wir reiten um die Erde.

Mit den Händen gemeinsam einen
großen Sonnenball formen.

Hopp, hopp, hopp, zu Pferde,
wir reiten um die Erde.
Der Nebel reitet hinterdrein,
wie wird er abends müde sein.
Hopp, hopp, hopp, zu Pferde,
wir reiten um die Erde.

Gegenseitig sich die Augen zuhalten.

Hopp, hopp, hopp, zu Pferde,
wir reiten um die Erde.
Der Regen reitet hinterdrein,
wie wird er abends müde sein.
Hopp, hopp, hopp, zu Pferde,
wir reiten um die Erde.

Die Arme nach oben strecken und die Finger als Regen fallen lassen.

Der kleine Reiter sitzt wieder auf Mamas oder Papas Knie und reitet wild drauf los. Sonne, Wind und Regen hängt er locker ab.

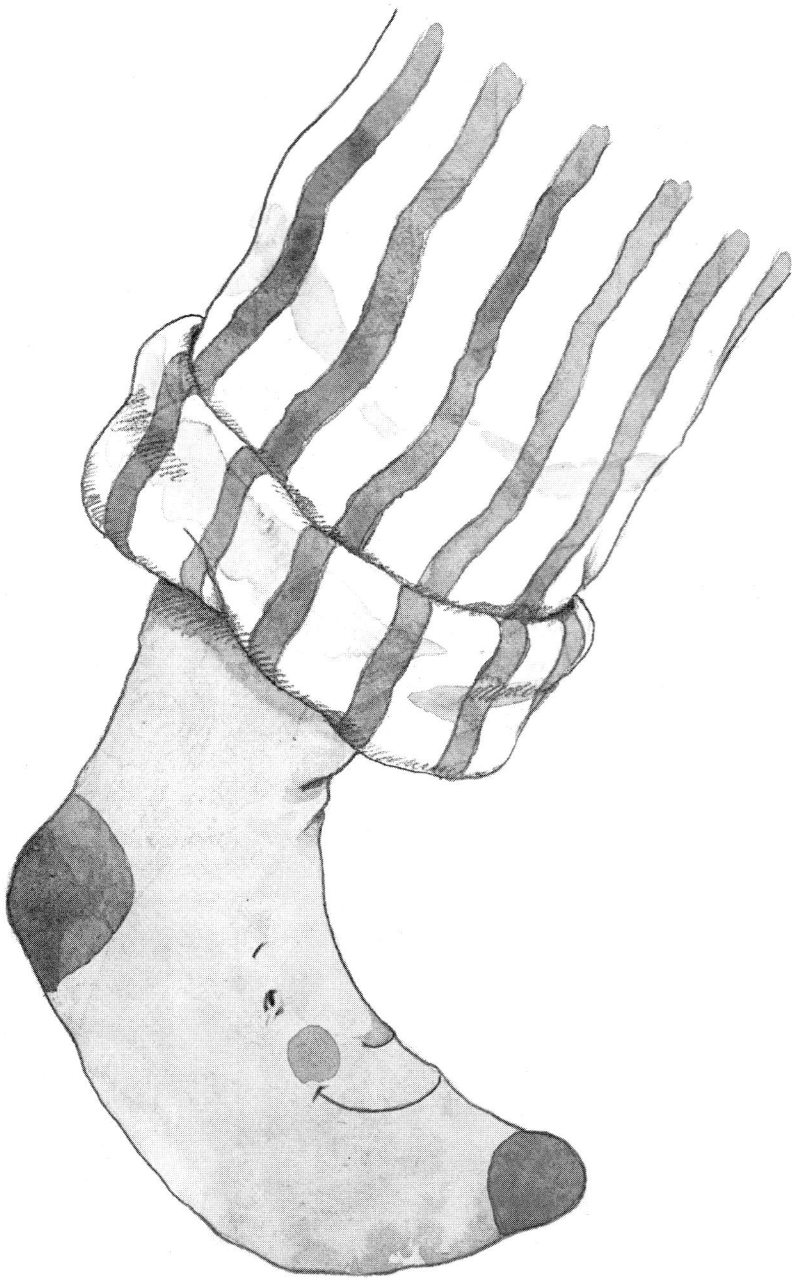

Kapitel 7

Herr Pinz und Frau Panz

Fußverse und Zehenlieder

Herr Pinz und Frau Panz

Text: trad./ Klaus W. Hoffmann
Musik: Klaus W. Hoffmann/ Rudi Mika

Herr Pinz und Frau Panz,
die gehen zum Tanz.
Es gehen zum Tanz
Herr Pinz und Frau Panz.

Sie hüpfen und hopsen, das mögen sie so,
dann hampeln und strampeln sie lustig und froh.

Sie stampfen und trampeln, das mögen sie so,
dann hampeln und strampeln sie lustig und froh.

Sie trippeln und trappeln, das mögen sie so,
dann hampeln und strampeln sie lustig und froh.

Sie wippen und schaukeln, das mögen sie so,
dann hampeln und strampeln sie lustig und froh.

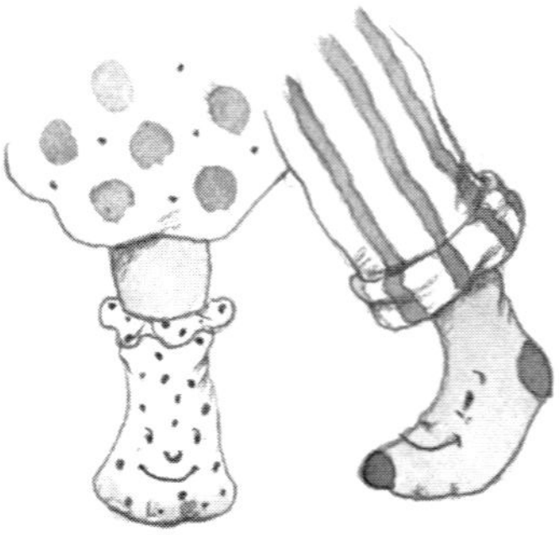

Wir singen den Refrain und bewegen unsere Füße im Rhythmus dazu. Zu den einzelnen Strophen dürfen die Füße dann hüpfen, hopsen, stampfen, trampeln, trippeln, trappeln, wippen, schaukeln und natürlich zwischendurch immer wieder hampeln und strampeln.

Pitsch und Patsch

Text: Barbara Cratzius

Pitsch und Patsch,
immer durch den Matsch.
Matschesand ist wunderschön,
wenn wir drin spazierengehn.
Pitsch und Patsch,
immer durch den Matsch.

Es ist für die Kleinsten immer wieder ein Erlebnis, wenn sie mit den Gummistiefeln draußen richtig schön in den Pfützen und im Matsch trampeln können. Das klappt manchmal auch gut als Spiel im trockenen Zimmer - oder als "Dauervers" beim Spaziergang im "Dauerregen".

1 - 2 - 3, heut gibt es Stampferei!

Text: Barbara Cratzius
Musik: Klaus W. Hoffmann/ Rud Mika

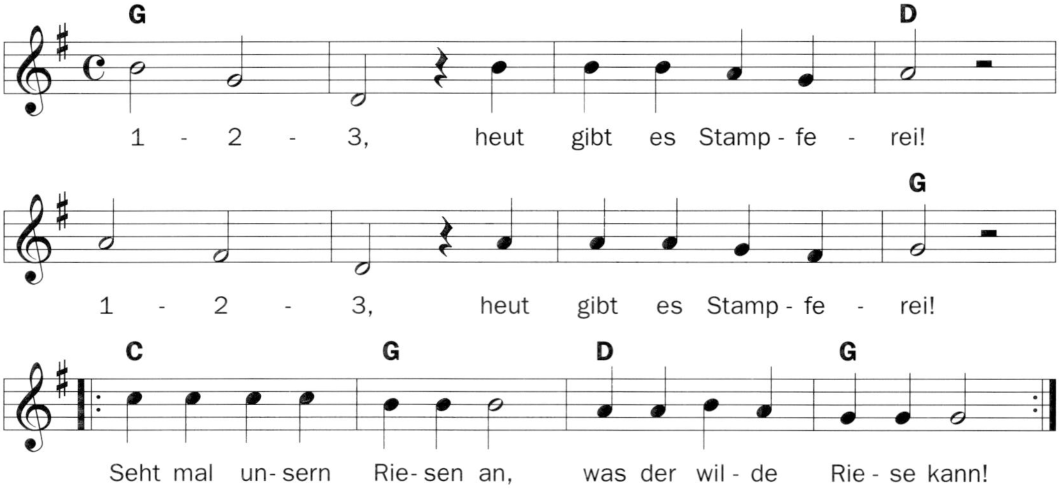

1 - 2 - 3, heut gibt es Stampferei!
1 - 2 - 3, heut gibt es Stampferei!
Seht mal unsern Riesen an,
was der wilde Riese kann!

1 - 2 - 3, heut gibt es Stampferei!
1 - 2 - 3, heut gibt es Stampferei!
Schau doch unser Kind mal an,
wie es kräftig stampfen kann!

1 - 2 - 3, heut gibt es Stampferei!
1 - 2 - 3, heut gibt es Stampferei!
Seht, wer stampft da durch den Sand?
Oh - ein großer Elefant!

Bei diesem Stampflied muss das Kind gut aufpassen. Wir können es bei "1 - 2 - 3" stampfen lassen oder auch bei dem Wort "Stampferei". Oder bei den Worten "Riesen", "Elefant", "Kind" - auf jeden Fall kann ein Wechsel das Kind immer wieder neu motivieren.

Wenn die Zehen wackeln

Text: Barbara Cratzius

Alle unsere Zehen
wackeln hin und her,
wackeln hin und her.
Wickel - wackel - wunderbar,
wackeln ist nicht schwer.

Und die beiden Füße
von dem kleinen Schatz,
von dem kleinen Schatz,
können auch schon stehen,
machen einen Satz.

Und die kleinen Beine
wollen springen heut,
wollen springen heut.
Recken sich und strecken sich,
springen auch schon weit.

Beine und die Füße
ruhen sich jetzt aus,
ruhen sich jetzt aus.
Morgen geht es wieder
in die Welt hinaus.

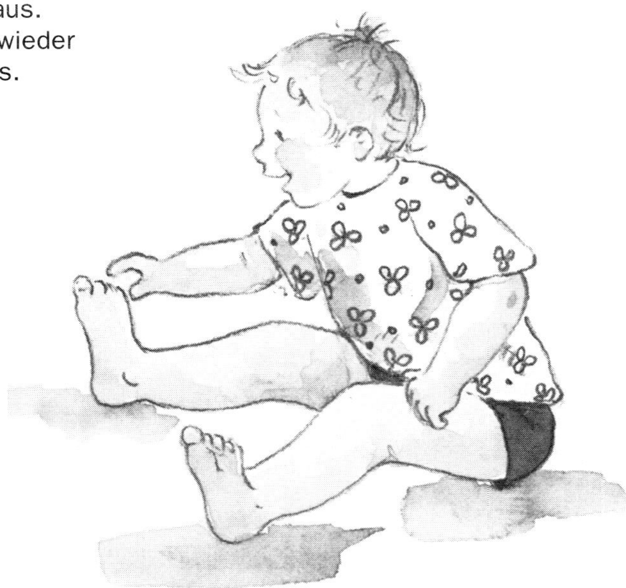

Dieses kleine Spiel sollte mit nackten Beinen, vielleicht nach dem Baden gespielt werden. Der Wechsel zwischen Bewegung und Ruhe macht den Kleinsten viel Spaß. Zehen und Fußmuskeln werden durch diese kleine Übung gekräftigt. Als "Hilfsmelodie" könnte das bekannte Lied "Alle meine Entchen" benutzt werden.

Zeigt her eure Füße!

Text: Barbara Cratzius/ Klaus W. Hoffmann
Musik: Klaus W. Hoffmann

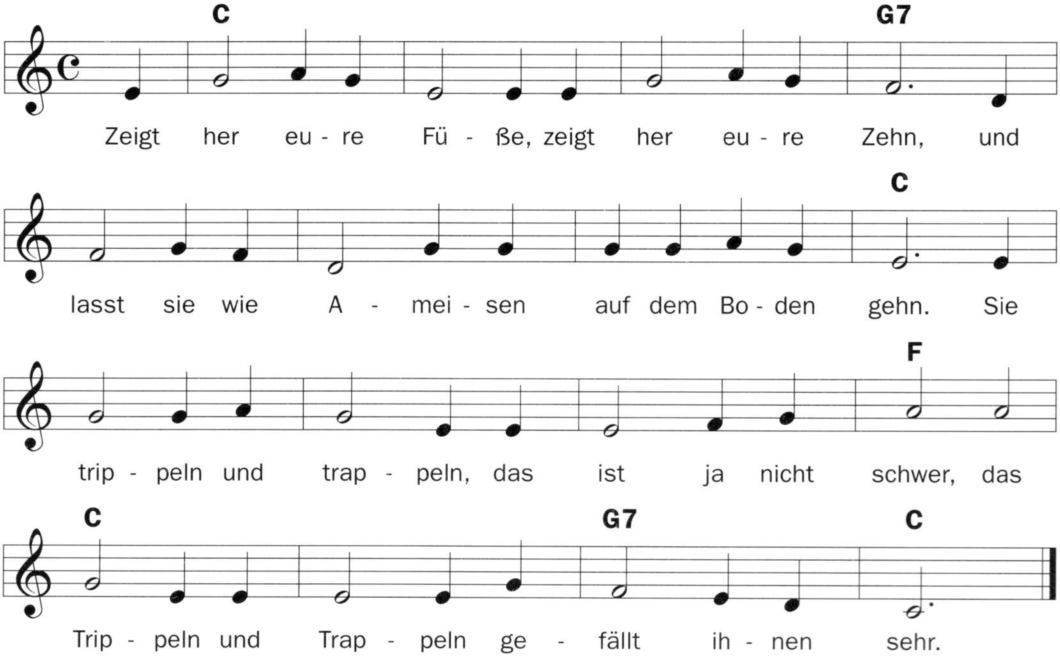

Zeigt her eure Füße, zeigt her eure Zehn,
und lasst sie wie Ameisen auf dem Boden gehn.
Sie trippeln und trappeln, das ist gar nicht schwer,
das Trippeln und Trappeln gefällt ihnen sehr.

Zeigt her eure Füße, zeigt her eure Zehn,
und lasst sie wie Käfer auf dem Boden gehn.
Sie kribbeln und krabbeln, das ist gar nicht schwer,
das Kribbeln und Krabbeln gefällt ihnen sehr.

Zeigt her eure Füße, zeigt her eure Zehn,
und lasst sie wie Mäuse auf dem Boden gehn.
Sie sausen und brausen, das ist gar nicht schwer,
das Sausen und Brausen gefällt ihnen sehr.

Zeigt her eure Füße, zeigt her eure Zehn,
und lasst sie wie Hasen auf dem Boden gehn.
Sie hoppeln und hopsen, das ist gar nicht schwer,
das Hoppeln und Hopsen gefällt ihnen sehr.

Zeigt her eure Füße, zeigt her eure Zehn,
und lasst sie wie Kinder auf dem Boden gehn.
Sie trippeln und hopsen, das ist gar nicht schwer,
das Trippeln und Hopsen gefällt ihnen sehr.

Bei diesem Spiellied können Mutter/Vater und Kind mit nackten Füßen zusammen auf einer kuscheligen Decke sitzen. Zu Beginn massieren und kneten wir unsere Füße und Zehen. Wie im Lied besungen, lassen wir dann unsere Füße und Zehen trippeln und trappeln... Bei den Ameisen, Käfern und Mäusen bleiben wir noch sitzen und konzentrieren uns ganz auf die Bewegung der Füße und Zehen, doch bei der letzten Strophe hoppeln, hopsen und trippeln wir mit nackten Füßen im Raum umher.

Mutter Tausendfuß

Text: Barbara Cratzius

Kennst du die Mutter Tausendfuß?
Was die am Morgen machen muss:
Zuerst die tausend Füße wecken,
denn die soll´n sich kräftig strecken
und sich nicht in dunklen Ecken
schnell verkriechen und verstecken.

Soviel Zehen an den Füßen
muss die Mutter heut begrüßen.
Dann beschließen alle Zehen:
Wir wollen jetzt spazieren gehen!

Danach wolln die tausend Beine
laufen über Stock und Steine,
wie ein großer Wirbelwind!
Los, das kannst du auch - mein Kind!

Du hast nur zwei Beine,
schaffst es schon alleine!

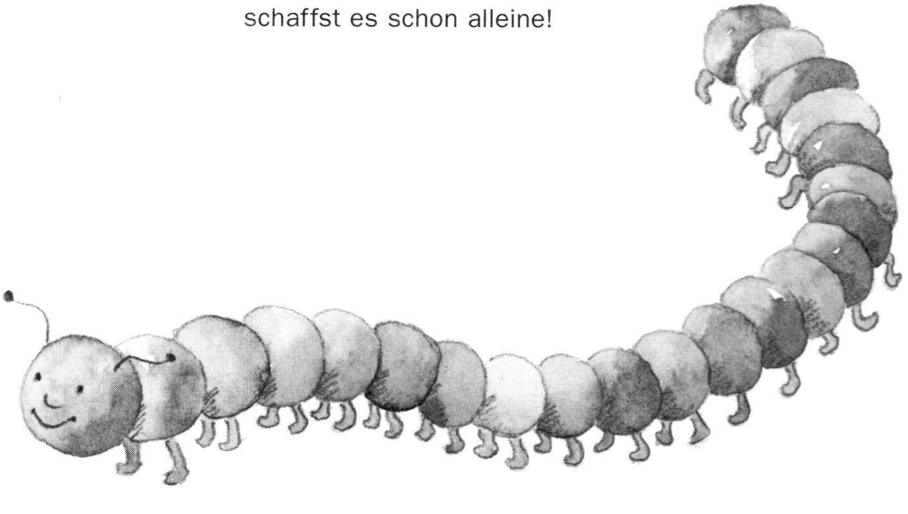

Viel Spaß macht es, wenn wir eine kleine Tausendfüßlerpuppe ans Kinderbett hängen. Dazu werden viele kleine Ringe aus buntem Filz aufgefädelt. Zwischen die Filzringe kommen bunte Holzperlen. Auf den vordersten Filzring malen wir das Gesicht der Mutter Tausendfuß. Als Füße nähen wir an jeden Filzring zwei Perlen oder zwei bunte Stücke Pfeifenreiniger. Wenn Mutter Tausendfuß die eigenen Kinder geweckt hat, kann auch unser Kind mit nackten Füßen losspringen. Dabei wird deutlich, dass es für Kleinkinder gar nicht so einfach ist, das Gleichgewicht zu halten. Wir müssen dann immer öfter Tausendfüßler spielen!

Teddybär, Teddybär

Text und Musik: trad.

Ted - dy - bär, Ted - dy - bär dreht sich um,
Ted - dy - bär, Ted - dy - bär macht sich krumm,
Ted - dy - bär, Ted - dy - bär hebt ein Bein,
Ted - dy - bär, Ted - dy - bär, das ist fein.

Wir singen gemeinsam das Teddybär-Lied und bilden einen Handkreis. Ein Kind darf den Teddybär spielen. Es steht in der Kreismitte und bewegt sich mit schwerfälligen Bärentanzschritten, dreht sich um sich selbst, macht sich krumm und hebt zuerst das eine, dann das andere Bein. Das können die anderen Kinder auch. Jedes Kind will und darf mal als Teddybär in der Mitte tanzen. - Zu zweit kann man das Lied natürlich auch tanzen. Dabei halten wir uns an den Händen und drehen uns zusammen im Kreis. Dann machen wir eine tiefe Verbeugung (Diener) und hüpfen danach auf einem Bein. Die Hände bleiben immer zusammen. Das erfordert schon ein wenig gemeinsame Geschicklichkeit, macht aber auch großen Spaß, wenn´s mal nicht so klappt!

Kapitel 8

Armes Häschen, bist du krank?

Trostverse und Streichellieder

Kribbel - krabbel - Mäuschen

Text: Barbara Cratzius Musik: Klaus W. Hoffmann

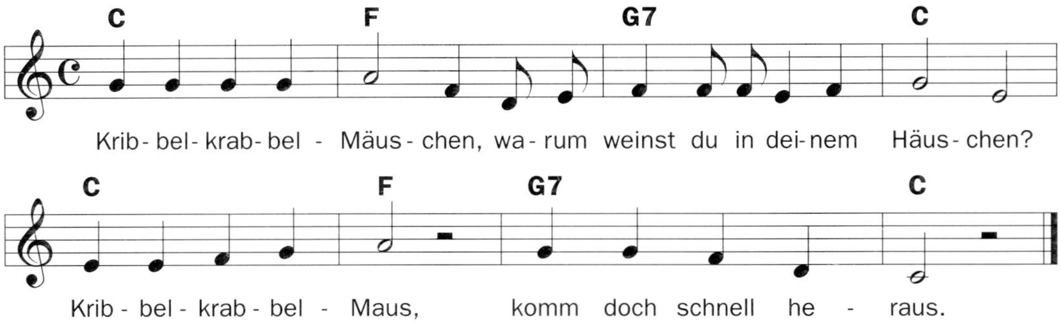

Kribbel - krabbel - Mäuschen,
warum weinst du in deinem
Häuschen?
Kribbel - krabbel - Maus,
komm doch schnell heraus.

gesprochen:
Wir schauen uns die Sonne an,
damit du wieder lachen kannst.

Wir schauen uns die Blumen an,
damit du wieder lachen kannst.

Wir schauen uns die Vögel an,
damit du wieder lachen kannst.

Wenn die Tränen kullern, kann ein liebevolles Streicheln im Rhythmus dieses Spielliedes helfen. Wir malen auf den Handrücken oder auf den Bauch des Kindes ein paar Kreise: das ist der Sonnenkreis...das ist der Blumenkreis... Anschließend lassen wir, zusammen mit dem Kind, alle Finger als zappelnde Vögel hochfliegen.

Ene - mene - Tintenfass

Text: Barbara Cratzius

Ene - mene - Tintenfass,
komm herein, ich zeig dir was!
Tintenfass ist blau-
wie der Fleck - au, au.
Doch es dauert nicht mehr lang,
glaube mir, und sei nicht bang.
Dann ist der Fli - Fla - Fleck
schon wieder weg.

Ein Trostvers für blaue Flecken.

Häschen in der Grube

Text: Friedrich Fröbel (1782-1875)
Musik: Karl Enslin (1819-1875)

Häschen in der Grube
saß und schlief, saß und schlief.
Armes Häschen bist du krank,
dass du nicht mehr hüpfen kannst?
Häschen, hüpf! Häschen, hüpf!
Häschen, hüpf!

Das Kind hockt auf dem Boden und legt seinen Kopf zwischen die Arme. Es ist ganz still und bewegt sich nicht. Bei "armes Häschen" streckt sich plötzlich der Popo hoch und will gestreichelt werden. Bei "Häschen, hüpf!" hoppelt das geheilte Häschen wieder mit kräftigen Sätzen durchs Zimmer.

Puste, puste, Wind

Text: trad.

Puste, puste, Wind,
pusten
fort die Tränen geschwind,
pusten
will dir was ins Öhrchen sagen
geheimnisvoll flüstern
und dich sacht im Kreise tragen.
auf dem Arm wiegen
Puste, puste, Wind,
pusten
hei, da lacht das Kind!

Wenn Kinder sich verletzt haben und vor Schmerzen weinen, sind viele Erwachsene schnell mit sich und der Situation überfordert. Sie reagieren hektisch. Diese Panik überträgt sich sofort auch auf das Kind und steigert noch mehr dessen Hilflosigkeit. In solchen Fällen hilft vielleicht dieser Vers, der sowohl dem Kind als auch dem Erwachsenen die nötige Ruhe wiederbringen kann. - Wir nehmen das Kind hoch und drücken es an unsere Brust. Dabei schaukeln wir es sacht hin und her. Die Kindertränen werden einfach fortgepustet. Wenn wir dem Kind noch liebe und beruhigende Worte ins Ohr flüstern und es im Kreis herumtragen, dann zeigt sich bestimmt schon bald wieder ein erstes Lächeln.

Heile, heile Segen!

Text und Musik: trad.

Heile, heile Segen!
Morgen gibt es Regen,
übermorgen Schnee,
und schon tuts nicht mehr weh!

Dies ist der wohl bekannteste Kindertrostvers. Er wird in zahlreichen, regional abweichenden, Variationen gesungen. Für den Mainzer Karneval wurde sogar eine Erwachsenen-Versionen erfunden. - Wenn wir nicht genau wissen, wo sich das Kind verletzt hat, streicheln wir zunächst zärtlich über Rücken oder Bauch des Kindes. Wenn wir wissen, wo der Schuh drückt, dann können wir das verletzte Knie, die geklemmte Hand usw. natürlich ganz direkt gesund singen. Klappt auch bei Einschlafstörungen!

Eia - popeia

Text: trad.

Eia, popeia,
die Fische schwimmen im Weiher,
sie schwimmen im Weiher,
sie schwimmen im See,
schlaf, mein Kindchen,
dann tut dir nichts weh!

Anmerkung:
Wie der Titel schon verrät, handelt es sich bei diesem Vers um eine abgewandelte Form des alten Wiegenliedes "Suse, liebe Suse, was raschelt im Stroh?" (auch "Eia, popeia"). Wiegen- und Trostlieder gehören zu den ältesten Formen des Kinderliedes überhaupt. - Unsere Hände stellen die Schwimmbewegungen der Fische dar. Sie schwimmen langsam und sehr zärtlich auf das Kind zu und streicheln es. Das wirkt so schön beruhigend, so dass die müden Kinder bald einschlummern und den Schmerz vergessen.

Denkt euch nur, der Frosch ist krank!

Text und Musik: trad.

Denkt euch nur, der Frosch ist krank,
liegt dort auf der Ofenbank,
quakt nun schon, wer weiß wie lang.
Denkt euch nur, der Frosch ist krank.

Wir singen das Lied immer und immer wieder und streicheln dabei den schmerzenden Körperteil unseres Kindes. Zwischendurch streuen wir willkürlich ein kleines "Quak" ein und lockern damit die Situation auf. Vielleicht ist ja ein kleines Lachen schon wieder möglich?

Kapitel 9

Husch - ins Bett hinein!

Gute - Nacht - Texte und Einschlaflieder

Alle meine Tiere

Text: Barbara Cratzius Musik: Klaus W. Hoffmann

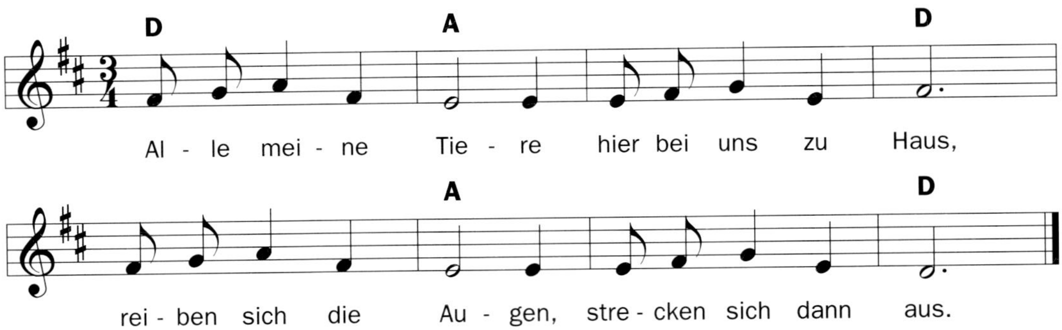

Alle meine Tiere
hier bei uns zu Haus,
reiben sich die Augen,
strecken sich dann aus.

Siehst du unser Bärchen
hier bei uns zu Haus?
Brummt noch einmal leise
und streckt sich dann aus.

Siehst du unser Kätzchen
hier bei uns zu Haus?
Maunzt noch einmal leise
und streckt sich dann aus.

Siehst du unser Schäfchen
hier bei uns zu Haus?
Mäht noch einmal leise
und streckt sich dann aus.

Unser Kind will schlafen,
alles geht zur Ruh.
Und nun macht das Kind die
müden Augen zu.

Zu diesem Spiellied können sich die Kuscheltiere am Kinderbett versammeln. Wir halten sie nacheinander hoch, das Kind kann die Tierlaute mitbrummen usw. Natürlich können wir auch die Lieblingsmaus piepsen, das Lieblingsvögelchen singen lassen. Am Schluss wandern die Kuscheltiere auf ihren Platz im Kinderzimmer zurück. Aber meistens bleiben ja ohnehin viele Kuscheltiere mit im Bett.

Kleines Einschlafspiel am Kinderbett

Text: Barbara Cratzius

Zwei Finger zappeln - zippel - zapp,
Die Finger zappeln lassen.
zwei Finger laufen - trippel - trapp,
Die Finger auf dem Tisch laufen lassen.
zwei Finger kitzeln - ei der Daus,
Die Finger kitzeln das Kind am Bauch oder an den Armen.
zwei Finger schmusen - schmuse - schmaus,
Die Finger streicheln zärtlich die Arme und den Rücken des Kindes.
zwei Finger schlafen langsam ein,
Die Finger langsam zur Faust schließen.
nun husch ins weiche Bett hinein!

Gute Nacht, gute Ruh

Text und Musik: trad.

Gute Nacht, gute Ruh,
die Sonne geht schon schlafen,
schlafen geh auch du!

Dies ist ein alter, zu Unrecht fast vergessener Kanon. Die Melodie ist sehr einfach und zugleich wunderschön. Als Kanon brauchen wir das Lied ja auch gar nicht zu singen. Wir können dieses Gutenachtlied mit leiser und ruhiger Stimme singen oder summen, solange bis das Kind eingeschlafen ist.

Der Zippel - Zappel - Zwerg

Text: Barbara Cratzius

Ein kleiner Zippel - Zappel - Zwerg
wohnt hinterm Zippel - Zappelberg.
Er springt herum den ganzen Tag,
bis er dann nicht mehr springen mag.
Er schlüpft ins Zwergenbett hinein
und sagt: "Mein Bett ist zwergenklein,
doch wär es wirklich riesig nett,
du kämst zu mir ins weiche Bett!
Dann kuscheln wir uns warm,
ich schlaf in deinem Arm!"

Wir können auf den Zeigefinger ein Zwergengesicht malen und einen beklebten Fingerhut oder eine Zipfelmütze aus Filz auf ihn setzen. Dann "lockt" der Zwerg unser Kind ins kuschelige Zwergenbett. Vielleicht darf die Zwergenmütze ja mit im Bett schlafen?

Gute Nacht!

Text: Barbara Cratzius

Ins Bett gehen - das fällt den Kindern jeden Abend schwer: "Ich bin noch gar nicht müde!" Dann sind von uns Erwachsenen immer wieder Fantasie, Einfallsreichtum, aber auch gewisse gleichbleibende Rituale gefragt. - Im Rhythmus dieses Gute-Nacht-Verses können wir das Kind sanft streicheln. Die Zauberlampe lassen wir brennen. Die Tür kann auch einen Spalt breit offen bleiben. Wir können das Sandmännchen rufen, eine Gute-Nacht-Geschichte erzählen oder ein Gute-Nacht-Gebet sprechen.

Einschlaflied

Text: Barbara Cratzius Musik: Klaus W. Hoffmann

Schlaf, Kindchen, schlaf,
das weiße Wolkenschaf,
das zieht am Himmel seine Bahn,
dass unser Kindchen schlafen kann.
Schlaf, Kindchen, schlaf.

Schlaf, Kindchen, schlaf,
ganz leise mäht ein Schaf.
Das Schäfchen hat die Augen zu,
nun schläfst auch du in guter Ruh.
Schlaf, Kindchen, schlaf.

Schlaf, Kindchen, schlaf,
nun träumt dein Schmuseschaf.
Nun träumt auch unser Kindelein
und kuschelt sich ins Bett hinein.
Schlaf, Kindchen, schlaf.

Dieses Gute-Nacht-Lied kann ein abendliches Gute-Nacht-Ritual beenden. Das Kind weiß: Zuerst werden die Spielsachen aufgeräumt, dann kommt das Waschen oder Baden, dann wird gegessen, danach werden die Zähne geputzt, und dann gibt es noch eine klitzekleine Geschicht am Kinderbett. - Und zum guten Schluss wird leise das Gute-Nacht-Lied gesungen. So endet mit Schmusen und Streicheln, mit Freuen, Staunen und Singen der Kindertag.

Einschlafgedicht

Text: Klaus W. Hoffmann

Schlaf, mein Kind, schlaf ein!
Ganz müde musst du sein.
Du hast getanzt und auch gesungen,
bist wild gelaufen und gesprungen.
Überall gab´s was zu sehen,
zu entdecken, zu verstehen.
Schlaf, mein Kind, schlaf ein!
Ganz müde musst du sein.

Dieses kleine Bettkantengedicht bildet den Abschluss eines turbulenten Kindertages. Fröhliche und nachdenkliche Erlebnisse können mit ins Traumland genommen werden.

Register nach Titeln und Liedanfängen

Diese 11 Gitarrengriffe führen zum Erfolg!
Mit diesen einfachen Grundakkorden können alle
Lieder in diesem Buch begleitet werden.

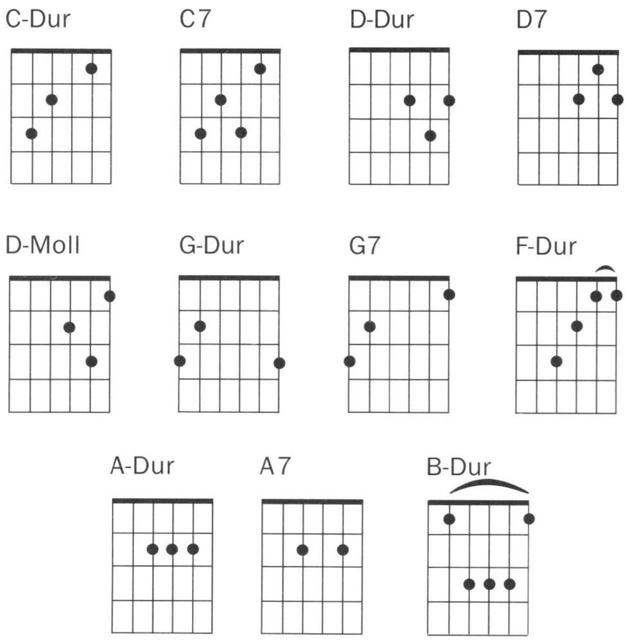

Der Tonträger zum Buch

MC 590 und CD 591

Spielzeit: über 50 Minuten
Mit 33 Beiträgen zu allen
Kapiteln des Buches.

Klaus W. Hoffmann bei IGEL-RECORDS

Laß uns kuscheln

Von zärtlichen Gefühlen,
von Freude, Angst und Mut

MC 538, CD 543
Liederheft
ISBN 3-89353-043-6

So singt und spielt man anderswo

Kinderlieder und Kinderspiele
aus Griechenland, Italien, der
Türkei und Spanien
Kassette in deutscher
Sprache
Liederbuch mit Liedtexten
in der Originalsprache
und deutsch,
mit Spielen und einfachen
Rezepten aus den jeweiligen
Ländern

MC 523,
Liederbuch
ISBN 3-89353-037-1

Abend wird es wieder

Lieder zur guten Nacht

MC 562, CD 563
(CD mit Textheft)

Liederladen

mit: Der Discoelefant, Der
musikalische Wasserhahn,
Ballade von Herrn Gelb und
Frau Blau, Spiel mal was
mit mir

MC 515

Hören, sehen – sicher gehen

mit: Lied vom Gehweg und
der Straße, Ampellied, Lied
vom Zebrastreifen,
Spielstraßenlied, Wenn ich
mit dem Fahrrad fahr

MC 552, CD 553